Bomarzo

ALSO BY ELSA CROSS, FROM SHEARSMAN BOOKS

Selected Poems
Beyond the Sea
Amorgos Notebook

Elsa Cross

Bomarzo

translated from Spanish by
Lawrence Schimel

Shearsman Books

First published in the United Kingdom in 2019 by
Shearsman Books
50 Westons Hill Drive
Emersons Green
BRISTOL
BS16 7DF

Shearsman Books Ltd Registered Office
30 – 31 St. James Place, Mangotsfield, Bristol BS16 9JB
(*this address not for correspondence*)

This translation is published by arrangement with
Vaso Roto Ediciones, Monterrey & Madrid.

www.shearsman.com
www.vasoroto.com

ISBN 978-1-84861-650-9

Veían sin ver, oían sin oír
Andaban como las formas de los sueños
  —Esquilo

queden conjeturadas estas cosas
que se asemejan a las verdaderas
  —Jenófanes

They first saw without seeing, heard without hearing,
and had all things in the mind muddled as dreams
—Aeschylus, *Prometheus Bound*

These things are, we conjecture, like the truth.
—Xenophanes (tr. Karl Popper)

1.

No fuimos a Bomarzo
sino en el hilo de esas largas conversaciones
que siempre nos llevaban a las mismas fuentes,
que pendían de las glicinas de unas pérgolas
que quizá nunca existieron en Bomarzo.
Se detenían en los silencios
rememorativos del asombro y el miedo
ante un umbral que cruzamos
con los ojos cerrados,
como si en la caverna de la mente
aguardaran encuentros no queridos
con viejos rostros de nosotros mismos,
y el titubeo de la memoria
y la expresión,
las palabras que nos faltaban,
la inflexión más débil como un tobillo que flaquea,
fueran por el temor de encontrarse otra vez
en lo que ya se creía abandonado.

Al pie del níspero,
en esa banca que la maleza alcanzaba
rasguñando las piernas,
nos preguntábamos
si en los jardines de Bomarzo
alguien habría hablado así
sobre el ser y el no ser,
sobre aquello que va de uno a otro
y existe más allá del uno y del otro.
Y aparecían junto al alambre de la cerca,
como arpías,
torpes, ruidosas aves de corral
marcando un justo contrapunto
a la arrogancia que había detrás de la pregunta.

1.

We didn't go to Bomarzo
save for in the threads of those long conversations
that always led us to the same sources,
that hung from the wisteria of some pergolas
which perhaps never existed in Bomarzo.
They lingered in the silent
recollections of the astonishment and fear
before a threshold we crossed
with our eyes shut,
as if in the cavern of the mind
undesired encounters lurked
with the faces of our former selves,
and the stuttering of memory
and of expression,
the words we lacked,
the faintest inflection like a weak ankle,
were from the fear of finding ourselves again
in what was thought already abandoned.

At the foot of the medlar tree,
on that bench that the weeds reached
scratching our legs,
we asked ourselves
if in the gardens of Bomarzo
someone had spoken thus
about the self and the not-self,
about that which goes from one to the other
and exists beyond the one and the other.
And there appeared beside the wire of the fence,
like harpies,
clumsy, noisy poultry
marking a perfect counterpoint
to the arrogance that lay behind the question.

Bomarzo,
al borde de un precipicio todo el tiempo,
zanjando al paso
los propios desafíos a la Fortuna,
llevando al límite la Mano providente
que de improviso podría volverse en contra.
O tal vez siguiera por más tiempo
guiando el cubilete que volteabas para dejar,
implacables, cuatro ases
sobre esa mesa desvalida
a las orillas del pueblo.
O si llamabas, con un gesto, a un pájaro
que al cabo de un minuto venía a acercarse
adonde hablábamos
entre líneas
del peso de lo real,
del espinazo a punto de quebrarse
bajo ese peso formidable.
Como Nietzsche en Turín.
Y repartíamos a los vientos
paliativos
como obsequios de feria,
repasábamos los remedios ya probados,
el *phármakon* fallido —o *pharmakós*:
chivo expiatorio o cordero del sacrificio.
Pero ningún Crucificado
entre esos puntos cardinales de lo real
nos salvaba ahora de nuestro propio desastre.

Desviábamos la conversación
detrás de cualquier brisa contraria.
Cómo nos asustaba llegar al fondo,
y con cuánta habilidad interponíamos
otros argumentos,
preguntándonos si la doble entrada
a la Gruta de las Ninfas
ofrecía una salida,

Bomarzo,
always on the edge of a precipice,
resolving with every step
the very challenges of Fortune,
pushing to the limit the provident Hand
that could suddenly turn against you.
Or perhaps it kept on guiding
the dice cup you rattled to deposit,
implacable, four aces
upon that helpless table
on the shores of the town.
Or if you called, with a gesture, to a bird
which after a minute came to approach
where we talked
between the lines
about the weight of the real,
about the spine about to break
under that formidable weight.
Like Nietzsche in Turin.
And we scattered to the winds
palliatives
like fairground freebies,
we went over the already-tried remedies,
the failed *pharmakon* – or *pharmakos*:
scapegoat or sacrificial lamb.
But no Crucified one
between those cardinal points of the real
saved us now from our own disaster.

We diverted the conversation
behind any ill wind.
How it frightened us to reach the crux,
and with what skill we interposed
other arguments,
asking ourselves if the double entrance
to the Cave of the Nymphs
offered a way out,

si los muertos que deambulaban
en las sombras sublunares
volvían aquí en las gotas de agua,
o qué podría rescatar
de la pesadilla del espejo
a un suicida atrapado entre dos mundos.
Una mosca muerta, pegada al bisel,
hacía discurrir sobre el ojo que se altera,
sobre la percepción fallida,
la distorsión acrecentada en los bordes de lo real
fraguando un engaño más perfecto,
dando un contorno ambiguo
a la brutalidad de la visión:
el *pharmakós* babeante, destrozado.

¿Y acababa en lo real? ¿La verdad era lo real?

if the dead who wandered
in the sub-lunar shadows
returned here in the droplets of water,
or what could rescue
from the mirror's nightmare
a suicide trapped between two worlds.
A dead fly, stuck to the bevelled edge,
made one reflect on the altered eye,
on the failed perception,
that distortion growing on the edges of the real
forging a more-perfect delusion,
giving an ambiguous shape
to the brutality of that vision:
the *pharmakos* slobbering, destroyed.

And did it end in the real? Was truth the real?

2.

En Bomarzo terminaban nuestros sueños.
Era un depósito donde podíamos dejarlos,
como entes vivos,
sabiendo que al volver a ellos
habrían cambiado,
estarían recubiertos de un polen tóxico y precoz
o de fragmentos de alas de insecto y hojas secas.
¿De qué se alimentaban?
¿Habitaría allí el Niño,
pequeño Eros rescatado del fango,
que crecía en la castidad?

Los sueños eran en sí el gran sueño.
Resguardados en telas de crisálida,
finas membranas de luz
omnipresentes,
que no se atrevería a traspasar
el ariete brutal de la razón.
Anidaban en racimos como las mariposas nocturnas
—que el gato atrapaba
la noche misma que nacían.

Bomarzo,
en la ventana que daba hacia el poniente,
en la fatiga de los cerros con sus sombras largas,
en las terrazas soleadas
o la clausura de breves travesías
de un cuarto a otro,
cuando caían a plomo el sol y sus demonios,
y uno sólo quería no saber.
Los pensamientos reptaban inconformes
allegando a su nido

2.

Our dreams ended in Bomarzo.
It was a reservoir where we could leave them,
like living things,
knowing that on returning to them
they would have changed,
they would be coated with a precocious toxic pollen
or with fragments of insect wings and dry leaves.
What did they feed on?
Did the Child dwell there,
little Eros rescued from the muck,
who thrived through chastity?

The dreams were in themselves the great dream.
Wrapped up in chrysalis fabrics,
omnipresent
fine membranes of light,
that wouldn't dare let pass
the brutal battering ram of reason.
They nested clusters like nocturnal butterflies
– that the cat caught
the same night they were born.

Bomarzo,
in the window that looked onto the setting sun,
in the fatigue of the hills with their long shadows,
in the sunny terraces
or the seclusion of brief passages
from one room to another,
when the sun and its demons plummeted,
and one only wished not to know.
Thoughts crawled rebelliously
gathering to their places

las presas frágiles del sueño,
imponiendo en su ley
el desencanto rutinario,
la acedia mordaz
filtrada por las rendijas de la mente.

Bomarzo,
donde dejábamos asentarse como hojas de té
los sueños flotantes.
Daban vueltas alrededor del cuarto
con su penumbra,
su luz láctea cayendo por la ventana
hasta envolver
un pequeño altar para Afrodita.

Regresarían esas tardes desde las costas del Egeo,
rocas sin arena ni playa.
El mar abrupto entrando a saco
por estratos de la memoria.

¿Cuál era el punto de inflexión?
A partir de algún instante cedía el fiel de la balaza
y comenzaba a pesar más lo ya vivido,
y la memoria engrosando, igual que el cuerpo,
se volvía de espaldas al presente.
¿Cuándo se olvida la avidez
por esos días tan odiados o temidos,
tan gozosos y gloriosos,
que marcan su pulso como dientes?

Petrificados,
deidades bifrontes
con un rostro fijo en los sueños
y el otro en los enigmas,
no saciados aún de la forma,
de los sinos impares,

the fragile prey of the dream,
imposing as law
routine discontent,
biting sourness
filtered through the mind's cracks.

Bomarzo,
where we let settle like tea-leaves
the floating dreams.
They took turns around the room
with its penumbra,
its milky light falling through the window
until it enveloped
a small altar to Aphrodite.

They would return, those afternoons on the Aegean,
rocks without sand nor beach.
The abrupt sea pillaging
through strata of memory.

What was the point of inflection?
After some moment the scale's needle yielded
and the already-lived began to weigh more,
and memory thickening, just like the body,
turned its back on the present.
When shall the avidity
for those days so-hated and feared,
so pleasurable and glorious,
which mark their pulse like teeth
be forgotten?

Petrified,
two-headed deities
with one faced fixed on the dreams
and the other on enigmas,
still un-sated by form,
by the uneven destinies,

del vuelco de fortuna atrapando en el límite
con su cauda de males
la propia vida,
nos preguntábamos.

¿Y aquella puerta era esta misma puerta?

by the twist of fate trapping at the edge
with its train of evils
our own life,
we wondered.

And was that door this same door?

3.

Bomarzo nos desbordaba.
Alguna vez iríamos para sentir su aire húmedo
y saber que siempre habíamos estado allí—
de modo no distinto, tal vez, al de sus piedras
o las formas cautivas en las piedras.
No eran sólo un accidente topográfico
esos afloramientos en la roca
abrazando por siempre sus sueños volátiles,
apresándolos como a partículas divinas
la materia.

Entrecruzados los dos planos,
de uno a otro fluctuaba la mirada
como del pie al piélago, sin discernir
de qué manera *el camino hacia arriba*
 y el camino hacia abajo son uno y el mismo;
pero nadie tendría que bajar llevando ofrendas,
si los propios dioses de la muerte
estaban muertos,
y la cifra del mundo se borraba
igual que esas pinturas de tiza
en las aceras de Saint-Michel.
Se olvidaron los dioses de la muerte
y fue como si ellos vinieran
a desatar aquí sus hordas,
o como si fuera cierto que el sacrificio surgió
cuando dioses y hombres se apartaron.

Dejaban huecos en el aire las desapariciones.
Casi veíamos a la gente partir.
Se desdoblaban en su sitio
y de pronto quedaba una silla desierta,

3.

Bomarzo overwhelmed us.
One day we would go to feel its humid air
and to know that we had always been there –
in a way not unlike, perhaps, that of its stones
or the forms trapped in its stones.
They were not just a topographic accident
those outcroppings in the rock
embracing forever their volatile dreams,
capturing them as matter seizes
divine particles.

Interwoven the two planes,
the gaze fluctuated from one to the other
like from the foot to the abyss, without distinguishing
in what way *the path upwards*
and the path downwards are one and the same;
but no one would have to descend bearing offerings,
if the gods of death
were dead themselves,
and the cypher of the world faded
just like those chalk paintings
on the sidewalks of Saint-Michel.
The gods of death were forgotten
and it was as if they came
to unleash here their hordes,
or as if it were certain that sacrifice arose
when gods and men separated.

The disappearances left absences in the air.
We almost saw the people setting off.
They unfolded where they were
and suddenly a chair became empty,

solo, el balcón frecuentado.
Algo nos hacía mirar antes de tiempo
la muerte en ciertos rostros.
No lo decíamos—
pero la vida nuestra
se prolongaba como una impunidad
ante los muchos que partían
arrebatados por las olas
o el alcohol
o un golpe fortuito.

Cercanía peligrosa, la de esos dioses.
También la de los muertos
que parecían alojarse en nosotros
y hacernos hablar de historias desconocidas.
El ánimo resbalaba
sobre un sillón de cuero fino,
recordando los altos respaldos
de esas sillas ducales,
y repetía las mismas cadencias;
un roce, una inflexión
nos llenaban de astillas,
nos atrapaban en otras formas.

Los límites se volvían cifras errantes,
aleatorias—
un fiero abrazo del día y la noche
            —aunque son uno—
de caos y orden
            —aunque son uno—
de dentro y fuera
de muerte y vida
de divino y humano—
Límites errantes,
en una orilla y otra violentados.

Y a la mente fija en su aporía
sólo le quedaba derrumbarse.

a balcony, deserted.
Something made us see death
prematurely in certain faces.
We didn't say anything –
but our life
prolonged like an impunity
before the many who departed
carried off by the waves
or alcohol
or a fortuitous blow.

Dangerous closeness, that of those gods.
Also that of the dead
who seemed to now shelter within us
and make us speak of unknown stories.
The soul skidded
over a fine leather seat,
remembering the high back
of those ducal chairs,
and repeated the same cadences;
a touch, an inflection
filled us with splinters,
trapped us in other forms.

The limits became errant, aleatory
numbers –
a fiery embrace of the day and the night
       (although they are one),
of chaos and order
       (although they are one),
of inside and outside,
of life and death,
of the divine and the human –
Wandering limits,
trespassed on one shore and the other.

And the mind fixed in its aporia
had only left to crumble.

4.

Un jardín con senderos que se bifurcan.
De un lado,
el tiempo sostenía a la memoria
resguardándonos en sus espejos y sus pozos,
en sus cofres de abalorios.
De otro, el instante que nace de sí mismo
y se inventa en su ocaso repetido,
quemaba lo que ha quedado atrás,
la porción del presente que ya se angosta.
Pero el ánimo anclaba en sus aguas seguras.

Seguíamos la evolución de las abejas
en las flores del limonero,
hablando de *la inconstante luna*.
Jardines ebrios como Bomarzo,
con el olor de sus musgos,
la blancura de las cortezas desgajadas--
y esos líquenes suaves cubriendo
el torso y los muslos de Neptuno,
el sexo de Perséfone.
Y todo a flor de piel—
aun ahora que tú sostienes esta plática
desde el extremo de una cuerda imposible,
y yo, en el otro,
como aplicando la oreja a una lata
de aquellos viejos teléfonos infantiles,
trato de adivinar lo que dirías
si tu voz no se hubiera deslizado
por la boca del Orco.

Puerta franca a las levitaciones,
las partidas intempestivas,
los secretos

4.

A garden with bifurcating paths.
To one side,
time sustained memory
sheltering us in its mirrors and wells,
in its box of trinkets.
To the other, the instant that is born from itself
and invents itself in its repeated decline
burning what has remained behind,
that narrowing portion of the present.
But the soul anchored in its safe waters.

We followed the evolution of the bees
in the flowers of the lemon tree,
speaking of *the inconstant moon*.
Gardens intoxicated like Bomarzo,
with the scent of its moss,
the whiteness of the stripped bark –
and those smooth lichens covering
Neptune's torso and thighs,
Persephone's sex.
And everything about to burst –
Even now that you sustain this chat
from the end of an impossible cord,
and I, at the other,
like placing the ear to a can
from those old childish telephones,
I try to guess what you would say
if your voice would not have slid
through the mouth of the Orcus.

An open door to levitations,
untimely departures,
secrets –

Ogni pensiero vola…?

Bomarzo, otra cara de Arcadia,
con su recordatorio
de los desmembramientos,
los caminos errados,
el vuelo a pique de un halcón
y su garra infalible.
Tanto más vibrantes los follajes,
más cercano el acecho.
Tanto más frescas las brisas
más negros los labios
con que queríamos hablar del clima
o de la moda.

Et in Arcadia, Ego

Tal vez paseas ahora
en otro jardín de encantamiento
como un urogallo multicolor,
igual al de este grabado
que deja traslucir un fondo azul.

Y en los muros rezuman
los siglos que han caído
fingiendo que el tiempo pasa,
que todo va hacia algún lado.

Ogni pensiero vola…?

Bomarzo, another face of Arcadia,
with its reminder
of the dismemberings,
the mistaken paths,
the hawk's plummeting flight
and its unerring talons.
The more vibrant the foliage,
the closer to the ambush.
The fresher the breezes,
the blacker the lips
with which we wanted to talk of the weather
or of fashion.

Et in Arcadia, Ego

Perhaps you now wander
in another enchanted garden
like a multicolour wood grouse,
just like the one in this engraving
that lets a blue background shine through.

And from the walls
the fallen centuries ooze
feigning that time passes,
that everything goes somewhere.

Pensamientos que son sólo neblina.
La de esos bosques que no pudimos atravesar
descendía hasta el lago.
Un lago mujer, dijiste, una laguna,
y esa niebla parecía un amante
bajando hasta su piel de agua,
ocultándola en su abrazo.

No como amante venía
la niebla que llenaba el corazón,
vaho que la propia mente generaba
y hacía volver a Sinaia,
a aquel otoño en los Cárpatos
donde a las hojas doradas del ocaso
seguían las cortinas de niebla,
los precipicios.
Y aquí, de día, en plena primavera
no distinguíamos la otra orilla de la laguna.
El mismo poder de ocultamiento
empujaba a perderse.
El coche topaba casi con un árbol
o una barda de contención sobre el barranco—

Recordamos el extravío de Perceval,
y al amigo muerto
que había saltado al precipicio
como poeta romántico
sordo por el láudano,
envuelto en el ruido de su propio torrente.
O acaso lo llamara
alguna diosa de la niebla,
el abismo imantado

5.

Thoughts that are just mist.
The mist of those forests that we couldn't cross
descended to the lake.
A lake woman, you said, a lagoon,
and that fog seemed like a lover
going down to her skin of water,
hiding her in its embrace.

Not like a lover came
the fog that filled the heart,
vapour that the mind itself generated
and took us back to Sinaia,
to that autumn in the Carpathians
where the golden leaves of the sunset
were followed by curtains of fog,
by precipices.
And here, by day, in full spring
we couldn't see the other shore of the lagoon.
The same power of concealment
pushed us to lose ourselves.
The car almost bumped against a tree
or a containment fence above the ravine –

We remembered the wandering of Perceval,
and our dead friend
who had leapt to the precipice
like a Romantic poet
deaf from laudanum,
wrapped in the noise of his own torrent.
Or perhaps some goddess of the mist
called to him,
the abyss magnetized

con sus voces cambiantes,
sus velos entreabiertos.

Temblábamos en el bosque,
con los pies metidos en el fango,
y el viento como voz de otro mundo,
ese viento no disipaba la niebla,
pero hendía los huesos.
¿Éramos o no esa carne de dioses?
¿Era amor
esa locura aposentada en cada fibra,
ciega al entorno,
jugando con los aros quemantes del azar?

A la noche el agua se colaba
por la hendidura de un nudo en la madera,
un gran nudo negro como nudo del destino,
o de la red que nos tenía atrapados.
Otros nudos eran ojos que nos miraban,
sistemas planetarios,
paramecios.

with its changing voices,
its half-open veils.

We trembled in the forest
with our feet stuck in the mud,
and the wind like a voice from another world,
that wind that didn't dissipate the fog
but sliced through our bones.
Were we that flesh of gods or not?
Was love –
that madness lodged in every fibre,
blind to the surroundings –
playing with the burning hoops of chance?

At night the water dripped
through the crack of a knot in the wood,
a great black knot like the knot of fate,
or the net that held us trapped.
Other knots were eyes that watched us,
planetary systems,
paramecia.

6

Los dedos sabían a limón.
El tequila era azul, dijeron,
no por el agave
sino por su barril de encino.
Dos perros dormían bajo el sol casi poniente,
y el tequila tomaba el color de los montes,
del lago bajo el cielo oscurecido
anunciando con relámpagos
una lluvia que no llegó.

Abajo brillaba apenas la lancha.
Se desprendían murciélagos
de una casa abandonada.
Isla de la muerte llamaban
al islote de pájaros:
de lejos, se dibujaba un cráneo
sobre el peñasco blanquecino.

En el lago interior, casi ya seco,
dentro de un breve perímetro
se hacinaban los peces.
Habríamos de perecer, sin duda,
también nosotros;
pero sus muertes cómo nos dolían.
En vano intentábamos
escuchar la voz
de ese lago a punto de secarse.

En el filo de lo oscuro,
niños jugaban en un traspatio con sus cabras,
se oían radios.
Apenas visible la bajada entre las piedras.

6

Our fingers tasted of lemon.
The tequila was blue, they said,
not from the agave
but from its oak barrel.
Two dogs slept beneath the setting sun,
and the tequila took on the colour of the mountains,
of the lake beneath the darkening sky
that announced with lightning bolts
a rain that didn't arrive.

Below, the boat barely glimmered.
An abandoned house
shook off bats.
The Island of Death they called
that islet of birds:
from a distance, it sketched a skull
above the whitish crag.

In the inner lake, now almost dry,
the fish huddled
within a tight perimeter.
There is no doubt that
we, too, must ourselves perish;
but how their deaths pained us.
In vain we tried
to hear the voice
of that lake about to dry up.

On the edge of the darkness,
children played in a backyard with their goats,
radios could be heard.
A descent between the stones, barely visible.

La noche nos sorprendió
como esas jóvenes Parcas,
que en un susurro cruzaron el atrio
tembloroso
entre las casuarinas.

Al desprendernos de la orilla
el lanchón se atoraba
entre los tules y espadañas que se mecían
cruzando armas, como en un lance.
Inventar una salida desde allí.
La pértiga empujaba
hundiéndose tramo a tramo
en la maraña de tallos y raíces
no distintos
de nuestro propio fondo.

The night surprised us
like those young Parcae,
who crossed in a whisper the atrium
indistinct
among the casuarinas.

In setting off from the shore
the boat got stuck
between reeds and bullrushes
crossing weapons, like in a tourney.
To find a way out from there.
The pole pushed
sinking length by length
into the tangle of stalks and roots
not unlike
our own depths.

7

Dormíamos de más.
Despertar hacia lo real
era emprender de nuevo las batallas perdidas.
Y podía preverse
el exacto discurrir de los sucesos,
no más relevantes
que una banda de monos despiojándose.
Ese sueño de más era un delirio oscuro,
un disparate;
hacía vadear las aguas más pesadas
sin saber hacia dónde,
provocaba migrañas.
Era una sombra calcinante.
Un lado y otro
eran las mismas caras de lo real,
y no queríamos ninguna.

Se aguantaba
un choque de vientos contrarios
intentando no ceder terreno a ese sueño
y su deseo de no ser,
de no saber;
a esa voluntad de oscuridad
luchando a pulso
con los restos de un instinto de vida.
Y el delgado linde bifurcándose.
Queríamos desvanecernos para siempre
como habitantes de Xanadú
en un cruce de mundos.

Hormiguear en la palma de las manos,
un sudor en la espalda,

7.

We slept too much.
To wake toward the real
was to start lost battles once again.
And the exact course of events
could be foreseen,
no more relevant
than a group of monkeys delousing each other.
That oversleeping was a dark delirium,
a folly;
wading the heaviest waters
without knowing which direction;
it provoked migraines.
It was a burning shadow.
One side and another
were the same faces of the real,
and we didn't want either of them.

A clash of opposing winds
was endured
trying not to cede territory to that dream
and its desire of not being,
of not knowing;
to that yearning for darkness
arm wrestling
with the remains of an instinct for life.
And the thin boundary forking in two.
We wanted to fade away forever
like inhabitants of Xanadu
at a crossroads of worlds.

Tingling in the palms of the hands,
sweat on the back,

zigzagueos.
Y al discernir el suelo de lo real,
un vértigo obtuso
laceraba la piel.
Un paso no podía seguir al otro,
y al tiempo que el sol tocaba oblicuo
la conciencia entreabierta
que se iba estrechando
hasta desmadejarse,
se olvidaba la gracia ingrávida,
como si el peso del cuerpo
se cargara hacia el lado opuesto
del alma.

El vértigo se incrustaba en el vientre,
mordía la nuca, paralizando—
como una cobra hipnotiza a un ratón.
Y al mismo tiempo que el terror,
la seducción de la fatalidad,
el impulso ciego de la víctima
por ser alcanzada.
La tentación del salto abierta
por esos cuantos segundos
en que vuelo y caída libre se confunden.

zigzagging.
And on discerning the ground of the real,
a blunt vertigo
lacerated the skin.
One step couldn't follow the next,
and when the sun obliquely touched
the half-open conscience
that stretched
until it wore itself out,
the weightless grace was forgotten,
as if the weight of the body
listed toward the opposite side
of the soul.

The vertigo lodged in the belly,
bit the neck, paralysing –
like a cobra hypnotizing a mouse.
And with the terror,
the seduction of fatality,
the victim's blind impulse
to be reached.
The temptation of the leap
open for those four seconds
in which flight and freefall merge.

Tántas preguntas rodaban en declive.
Indagar si la mancha
que aparecía en las cosas
estaba en ellas,
o era una especie de lesión en el vítreo o la córnea,
un rayón que iba adonde el ojo,
estampándose donde la vista se fijara.
En todo había esa pequeña sombra,
ese asterisco o araña
clavando sus patas en lo real,
lo que nos parecía lo real.
Al sesgo, podía convertirse en otra cosa
o se olvidaba por un rato,
pero volvía como un recordatorio
de ese núcleo maligno
que desde dentro podía crecer
y desbordarse en un tumor,
envenenarlo todo.
Era como la inteligencia
ejercitando su filo crítico sobre el mundo,
sobre cualquier cosa que confrontara.
En todo veía la imperfección,
lo inacabado.
Algo tenía que hallar inferior a ella misma.
¿Y no era —como decía el maestro—
igual al perro que roía un hueso
saboreando la sangre de sus propias encías?
O era tal vez la realidad que se ensañaba
en nuestras mentes frágiles.

No había respuestas,
sólo preguntas empalmándose,

8.

So many questions rolled downhill.
To investigate if the stain
that appeared on things
was in them,
or was a kind of lesion on the vitreous or the cornea,
a scratch that followed behind the eye,
imprinting itself wherever vision settles.
That small shadow was in everything,
that asterisk or spider
sticking its legs into the real,
what seemed to us to be the real.
Cut slant, it could become something else
or be forgotten for a while,
but it returned like a reminder
of that malignant nucleus
that could grow from within
and overflow in a tumour,
poisoning everything.
It was like intelligence
exercising its critical knife-edge on the world,
on any thing it confronted.
It saw in everything the imperfection,
the unfinished.
Something inferior to itself had to be found.
And wasn't it (as the master said)
just like the dog who gnawed a bone
savouring the blood of its own gums?
Or perhaps it was reality that raged
in our fragile minds.

There were no answers,
just questions piling up,

cuestiones postergables
para un 'mañana', o 'quizá', o 'tal vez nunca'.
Más seguro ese rango de incertidumbre
que el plazo perentorio
de nuestras propias vidas,
pues el tiempo caía
con su línea continua como un lazo,
atando a su rigor el pie o el ala.
Al darnos cuenta, tánto se había escurrido
por esa tarja.
Afuera, una voz indistinta,
como hebras de una tela raída
—los andrajos del *pharmakós*—,
se escuchaba en una larga querella.
Voz humana o aullido de gato
(o agua tropezando en tuberías estrechas).

questions postponable
until "tomorrow" or "perhaps" or "maybe never".
That range of uncertainty safer
than the final deadline
of our own lives,
for time fell
with its unbroken line like a noose,
tying the foot or the wing to its rigor.
When at last we realized, so much had flowed
down through that drain.
Outside, a slight voice
like threads from a torn cloth
(the rags of the *pharmakos*)
was heard in a long plaint.
A human voice or cat's meowing
(or water stumbling through narrow pipes).

9

Perseguimos
nombres que han rodado por la historia,
palabras que al decirse
nos devolvían resonancias más insólitas
que esa delicada fuente de Leda
en medio de un pueblo minero.
Polvo en las manos dejaban esos nombres,
como al tratar de unir las piezas rotas
de un vaso o de una estela,
y sentir que por los huecos
algo se iba para siempre.

Amantes cuyas caras borrosas
no sabríamos ahora distinguir en esas multitudes
que han pasado por nuestros ojos,
amigos muertos
mezclados en las capas sedimentarias
de la propia memoria,
ancestros cuya mirada persiste
desde un daguerrotipo.

Tánto de nosotros quedó también atrás.
Cosas olvidadas antes de que ocurrieran.
Y aquello que causaba insomnios y furores,
por lo que hubiéramos vendido el alma,
aparece ahora como un drama vulgar,
y todo se reduce
a una pulsera con el broche roto—
o a un pedazo de vasija:
hileras de hoplitas desnudos con sus lanzas,
el pene curvo como réplica de la barba.
Y los fragmentos perdidos,

9.

We chased
names that have travelled through history,
words which in being pronounced
give back to us resonances more unusual
than that delicate fountain of Leda's
in the middle of a mining town.
Those names left dust in the hands,
as if trying to join the broken pieces
of a vase or a stele,
and feeling that through the gaps
something vanished forever.

Lovers whose blurry faces
we couldn't now distinguish from those crowds
who have passed before our eyes,
dead friends
mixed in the sedimentary layers
of our own memory,
ancestors whose gazes endure
from a daguerreotype.

So much of ourselves remained behind as well.
Things forgotten before they took place.
And that thing which caused sleeplessness and rages,
for which we would have sold our souls,
seems now a vulgar drama,
and everything is reduced
to a bracelet with a broken clasp –
or a pottery shard:
rows of naked Hoplites with their lances,
the penis curved just like the beard.
And the lost fragments,

igual que los huesos de guerreros
y de mujeres sin término,
siguen vivos acaso en nuestra propia sangre,
repitiendo sus mismos gestos
en estas vidas solventadas
por dos o tres ideas fijas.

¿Y estas vidas mismas
no parecían la soga de Ocnos?
Él la iba tejiendo y un asno
devoraba el otro extremo.
Y la tarea inacabable de tejer esa soga
cuyo término reducían los belfos de la bestia,
nos invitaba a no reflexionar
sobre el sentido de la propia existencia.
Fases coloridas o sombrías
deslizándose por igual
hacia los dientes insobornables.
Quedaba sólo a salvo
el tejer sin fin la misma soga.

like the bones of warriors
and endless women,
remain alive perhaps in our own blood,
repeating their same gestures
in these lives founded
on two or three fixed ideas.

And don't these very lives
seem like Ocnos' rope?
As fast as he wove it an ass
devoured it from the other end.
And the interminable task of weaving that noose
whose length was reduced by that beast's chewing,
invited us to not reflect
on the meaning of existence itself.
Colourful or dark sections
sliding equally
toward those incorruptible teeth.
Only exempt was
the endless weaving of the rope itself.

10

Era apenas nuestra especie *un parpadeo*
en el ojo evolutivo de la naturaleza,
y no podíamos abandonar esos objetos.
Los sosteníamos contra el sueño,
contra mareas de olvido.
No eran de un reino ni de otro,
iban en lo oscuro con sus caudas erráticas
para volver intactos.
No eran de esas cosas que *deleitan los ojos*
y esclavizan el corazón,
pero seguíamos guardando su secreto.

Y sintiendo las hordas de pensamientos
que rompían los vasos comunicantes
con sus ávidas substancias,
sus venenos,
volvíamos a los sitios luminosos
aunque un parpadeo los borrara del sueño.

Tal vez el temor de descubrir
pequeñas verdades ramplonas,
previsibles,
nos llevaba a inventar esos seres magníficos,
sin rostro.
Dioses oscuros y magnánimos
cuya proximidad fundía consigo
lo distinto a sí mismos,
volviendo todo amor,
sin preguntar
ni contabilizar los justos réditos.
Un dios como avalancha,
como marea loca,

10.

Our species was barely *a blink*
of Nature's evolutionary eye,
but we couldn't give up those objects.
We held them up against the dream,
against the tides of oblivion.
They weren't from one kingdom nor another,
they went through the darkness with their erratic tails
to return intact.
They weren't those kind of things that *delight the eyes*
and enslave the heart,
but we kept guarding their secret.

And feeling the hordes of thoughts
that broke the communicating vessels
with their avid substances,
their venoms,
we returned to the luminous places
even if a blink might erase them from the dream.

Perhaps the fear of discovering
small unvarnished truths,
foreseeable ones,
led us to invent those magnificent
faceless beings.
Dark and magnanimous gods
whose proximity melted
whatever was different from themselves,
making everything love,
without asking about
nor accounting the just yields.
A god like an avalanche,
like a mad tide

que nos arrebatara
para dejarnos en una orilla
sin nombre tal vez para nosotros,
encandilados,
aturdidos,
sintiendo su amor ciego y brutal.

Pero en tanto,
mirábamos de lejos nuestros objetos imposibles—
animales perdidos en libros de maravillas,
empresas inalcanzables
para héroes de modestos atributos.
Y seguimos, lanzando un último resplandor—
como el calamar opalescente
que muere al desovar
y deja sus esferas diminutas
hacinadas en campos magnéticos,
atrayendo depredadores.

that would snatch us
to leave us on a shore
which perhaps had no name for us,
dazzled,
stunned,
feeling their blind and brutal love.

But meanwhile,
we watched our impossible objects from afar –
animals lost in books of wonders,
endeavours unattainable
by heroes of modest traits.
And we follow, launching a final brilliance –
like the opalescent squid
who dies after spawning
and leaves her diminutive spheres
crowded in magnetic fields,
attracting predators.

Un pasaje ilusorio
bajo el reflejo cambiante de las frondas.
En los muelles atracaban o partían embarcaciones.
Y a mitad de la propia travesía irreversible
ignorábamos el rumbo.

Las hojas a contraluz, un pasaporte
a la gloria no alcanzable
desde el fermento de los suelos.
De tanto decir que esto era el Hades,
caminábamos al acecho
de un último rayo de sol
o un mínimo viento
para atenuar la duda
que enredaba los pies a cada paso.
Caminábamos hasta el faro,
antes de que la noche entrara con sus mareas
y la conciencia se hundiera
en un fondo más perturbador.

Al ocultarse el sol
la sombra afinaba las pupilas,
y el corazón seguía puesto en ese mar,
como si contuviera
la panacea de todas las nostalgias,
del dolor por todos los regresos
que nunca pudieron completarse.

Mirábamos, otra vez, el mar oscuro,
las últimas gaviotas,
estrellas a punto de salir.
Y de pronto, otra vez, la sensación

11.

An illusory landscape
beneath the changing reflection of the leaves.
Ships docked or departed from the piers.
And in the middle of our irreversible sailing
we didn't know the route.

The backlit leaves, a passport
to a glory unreachable
from the ferment of the ground.
So often repeating that this was Hades,
that we walked now on the prowl
for a last ray of sunlight,
for the slightest breeze
to alleviate the doubt
that tangled our feet at each step.
We walked out to the lighthouse,
before night entered with its tides
and conscience sank
into a more-disturbing depth.

When the sun hid itself
the penumbra sharpened our pupils,
and the heart remained set in that sea,
as if it contained
the panacea for all nostalgias,
for the pain of all the returns
that could never be completed.

We looked, once again, at the dark sea,
the last seagulls,
stars about to emerge.
And suddenly, again, the sensation

de haberlo visto todo,
de haber andado y desandado a tientas
o en plena lucidez
los mismos meandros de esa greca—
el cimiento del llamado laberinto,
pequeño arriate sobrepasando el suelo apenas;
los mismos recodos,
los mismos pasillos y salidas
hacia el centro y su trono melancólico.

Las ideas revueltas, como el cabello.
Y no había rostro sombrío del destino
que no nos visitara.

Un aire de temporal.
Un estruendo aparejando los ruidos de afuera
y la turbulencia de adentro.
No podría sino arrasar con todo
e ir dejando sin color el campo,
sin flor alguna,
sin preguntas,
filtrando por tamices cada vez más delgados
la substancia bruta de lo vivido.

of having seen it all,
of having walked and unwalked, blindly
or in full lucidity,
those same meanderings as that fretwork –
the foundation of the so-called labyrinth,
small boundary stones barely above the ground;
the same twists,
the same passages and exits
toward the centre and its melancholic throne.

Ideas entangled, like hair.
And there was no dark face of fate
that didn't visit us.

An air of a storm.
A turmoil coupling the noise of outside
and the turbulence from within.
It couldn't but destroy everything
leaving the field without colour,
without a single flower,
without questions,
filtering through increasingly thinner sieves
the raw materials of the lived.

Soñé la boca cerrada de la Sibila.
Un velo pardo caía sobre sus ojos,
y la boca malva
abría una herida incierta
entre sus últimas palabras
y lo que alguien tal vez recogiera
de esos labios cerrados en lo oscuro
bajo los muros de Cumas.
Cumas verdinegra.

¿O era tu boca
con su miseria de Ángel caído?
Yo seguía la línea de tu frente
hacia una nariz de proporciones justas.
Y entre el rasgo delicado de las fosas nasales
y el trazo fuerte del mentón,
la boca alejandrina.

Mais que ta bouche est belle en ce muet blasphème...

O era tu boca vista desde un trasmundo,
que cerraba un paréntesis —¿o lo abría?
No sé qué porciones de vida quedan dentro —¿o fuera?
de ese caudal que avanzaba a tropiezos
en su abundancia,
precipitándose contra sí mismo,
arrebatándonos—
Como el día que salimos exultantes
de Père Lachaise
escurriendo agua por la ropa y el cabello.
Cayó a raudales
en lo que hallamos una tumba abandonada.

12.

I dreamed the Sibyl's closed mouth.
A brown veil fell over her eyes,
and the purple mouth
opened an uncertain wound
among her final words
and what someone perhaps would collect
from those lips closed in the dark
beneath the walls of Cumas.
Green-black Cumas.

Or was it your mouth
with its misery of Fallen Angel?
I followed the line of your brow
toward a nose of precise proportions.
And between the delicate trace of the nasal cavities
and the strong line of the chin,
the Alexandrian mouth.

Mais que ta bouche est belle en ce muet blasphème...

Or was your mouth seen from a secret world,
which closed a parenthesis – or did it open it?
I don't know what portions of life remained within – or outside? –
that flow that advanced tripping
over its abundance,
plunging against itself,
snatching us away –
Like the day we emerged exultant
from Père Lachaise
wringing water from our clothes and hair.
It fell in torrents
until we found an abandoned tomb.

Cayó sobre esas casas cenicientas,
sobre nuestras cabezas cenicientas
—oh Sulamith—,
destrozando la flor que habíamos dejado
en la tumba de Nerval.
Cayó en respuesta directa, con sus rayos,
a lo que hablábamos de la sequía—
sequía del espíritu.
Nos preguntamos a quién habría alojado
esa tumba a manera de capilla,
llena de hojarasca,
que sin reservas nos recibía
como sus huéspedes.

Otros poetas cruzaron esas tardes de lluvia
desde el pórtico de Saint-Merry a Place Dauphine.
Oíamos el fraseo de las últimas gotas,
aunque el torrente parecía esconderse
debajo de las piedras,
abriendo grietas al submundo.

Con el gesto de los ojos faltantes
y el rostro perdido tras el velo,
la Sibila indicaba otro intervalo oscuro.

It fell upon those ashen homes,
upon our ashen heads,
(oh Shulamith),
destroying the flower that we had left
on the tomb of Nerval.
It fell in direct answer, with its bolts of lightning,
to what we had spoken about the drought –
drought of the spirit.
We wondered who it might have lodged,
that chapel-like tomb,
full of dead leaves,
which welcomed us as guests
without reservations.
Other poets crossed those rainy afternoons
from the portico of Saint-Merry to Place Dauphine.
We heard the phrasing of the final droplets,
although the torrent seemed to hide itself
beneath the rocks,
opening cracks into the underworld.

With the gesture of the missing eyes
and the face lost behind the veil,
the Sibyl indicated another dark interval.

13

Viajes que no tenían fin.
Cruzábamos un mar abierto,
un piélago en los límites de la propia mente,
pasando las estribaciones
hacia pulsos desconocidos.

Viajes sin desprenderse de la costa,
como si bordeáramos sólo una taza de café,
leyendo en los vericuetos del asiento
los saltos, las hazañas—
que daban apenas una vuelta a la calle.
Éramos como esa estela anodina
del caballero sin rumbo,
desplegando sus armas y estandartes
en la orilla de la piedra quebrada.
¿Contra qué combatía? ¿Un dragón?

Mejor que contra rutinas insidiosas,
el desgaste socavando
con olas que golpeaban y golpeaban;
sagas domésticas
encubriendo la amargura de la inutilidad,
de la fatalidad,
la antiaventura.

Algo cayó también sobre ese orden
que asfixiaba las cosas en sus lugares fijos,
y fue venciendo uno tras otro
los cercos que confinaban el mundo
a esa sospechosa claridad.
Sólo un tintineo, un pequeño crujido,
y la rotura cundió aniquilando

13.

Endless journeys.
We crossed an open sea,
an ocean in the limits of our own mind,
passing its boundaries
toward unknown pulsations.

Journeys without leaving the coast,
as if we skirted just a cup of coffee,
reading in the patterns of its sediment
the leaps, the exploits –
which barely took a spin around the block.
We were like that anodyne stele
of the aimless knight,
raising his weapons and banners
on the edge of the broken stone.
What did he fight against? A dragon?

Better than against insidious routines,
endlessly beating waves
eroding us;
domestic sagas
concealing the sour taste of uselessness,
of fatality,
of the anti-adventure.

Something also fell upon that order
that asphyxiated things in their fixed places,
and overcame one after another
the walls that confined the world
in that suspicious clarity.
Only a tinkling, a tiny crunch,
and the rupture spread annihilating

el propio entendimiento
cuando se solazaba en sus respuestas exactas.

Aguas tenebrosísimas
que un relámpago fortuito iluminaba apenas.
Extraños para nosotros mismos
veíamos esos despojos
sin reconocer nuestras hechuras—
caparazones vacíos,
aguamalas.
Una estrella ocasional.

No es claro ni siquiera al repasar
las enteras alegorías de Bomarzo
qué fuerza nos impulsaba a llevar al límite
(¿el límite de qué?)
esa ficción de mirar la serpiente en la cuerda.
Y cuando quisimos reconocer la cuerda
por lo que era, la serpiente mordió.
Qué empujaba a encubrir lo más obvio,
disfrazándolo de aquello en que fraguábamos
una perfecta evasión,
hasta que se estrecharon igualmente
los límites de lo ilusorio,
y esos campos donde podíamos deambular
se gastaron como la ropa y los zapatos,
como las caras.

Si el poder de los límites
parecía una alambrada,
trozos de piel dejamos al cruzarlos,
apostándolo todo,
como el Loco en el borde del abismo.
Y si sobrevivimos a ese salto
fue para quedar como nubes vacías,
sin nada de donde detenernos,
o libres como el loro

our own understanding
when it found solace in its precise responses.

The shadowiest of waters
that a fortuitous lightning bolt barely illuminated.
Strangers to ourselves
we saw those remains
without recognizing our workmanship –
empty carapaces,
jellyfishes.
An occasional star.

It is not clear, not even after reviewing
all the allegories of Bomarzo
what force spurred us to carry to the limit
(the limit of what?)
that fiction of projecting a serpent on a rope.
And when we wanted to recognize the rope
for what it was, the serpent bit.
What pushed us to conceal the most obvious,
disguising it as that in which we forged
a perfect evasion,
until the limits of the illusory
narrowed just the same,
and those fields where we could wander
wore away like clothes and shoes,
like faces do.

If the power of the limits
seemed a wire fence,
we left behind chunks of flesh in crossing them,
risking everything,
like the Fool on the edge of the abyss.
If we survived that leap
it was to remain like empty clouds,
with nothing to hold us,
or free as the parrot

que rodeaba su jaula desde afuera
mirando tras los barrotes.

who circled his cage from the outside
looking through its bars.

14.

En las viejas historias se habría dicho:
fue un mal viento,
fue el Dios lleno de ira,
la Furia o el Demonio que pasaba,
fueron las Ánimas.
Sería cualquier cosa menos uno,
lo que se desdoblaba ensombrecido,
magnificando el gesto,
afilando la arista del golpe oblicuo—
contra uno mismo.

Y todavía se enrosca la pregunta
sobre aquello que no pudimos nunca hablar.
¿Era en un sueño,
o estábamos despiertos— ebrios, locos, posesos?
O era un dios acercándonos los extremos del mundo
para aplastarnos dentro,
para arrojarnos por esa grieta
como a pequeños cerdos.
¿Eran los hados,
o la mano hostil de la Diké?

Y ya bastaba
de esa manida retórica del fracaso,
como Bogart en *Casablanca*.
O el Padre Placencia,
ciego en ciernes,
curado contra su voluntad,
perdiendo para siempre el prestigio
de gran pecador herido por el castigo divino,
de ciego visionario
como Tiresias y Fineo.

14.

In the old stories, they would have said:
it was an ill wind,
it was God full of wrath,
the Fury or the Demon who passed by,
it was the souls of the dead.
It was anything but oneself,
what unfolded enshrouded,
magnifying the gesture,
sharpening the edge of the oblique blow –
against oneself.

And still the question coiled
around that which we could never talk about.
Was it a dream,
or were we awake – drunk, mad, possessed?
Or was a god closing over us the ends of the world
to crush us within,
to toss us like small swine
into that crevice.
Were they the fates,
or the hostile hand of Dike?

And enough already
of that hackneyed rhetoric of failure,
like Bogart in *Casablanca*.
Or Father Placencia,
on his way to blindness,
cured against his will,
losing forever the prestige
of great sinner wounded by divine punishment,
of blind visionary
like Tiresias and Phineas.

Nunca entendimos
si era uno quien mataba o quien moría
—es un decir—
confinado en ese laberinto,
ese rincón oscuro como centro del cosmos,
donde enfrentamos
la paradoja de los campos ilusorios:
desde dentro no se podían discernir
y al salir de ellos se esfumaban.
¿Qué hubo allí?

Si la oscuridad, como decían los sabios,
es lo que media entre el saber divino
y el humano,
¿sería entonces la ceguera
un terreno seguro?
En la paciencia de las cosas
y sufriendo el dardo divino
encajado en frente y corazón,
¿no se sortearía cualquier línea divisoria?
¿O era sólo tocar las superficies,
las paredes,
los vacíos tenebrosos?

Y nos llevaban el café
en nuestras tazas gemelas
con un motivo siciliano:
una Esfinge apostada
sobre un montón de cráneos,
y una serpiente alzándose hacia ella.
Más amables las Esfinges de Bomarzo.

We never understood
if one were hunter or prey
(so to speak)
confined in that labyrinth,
that corner dark as centre of the cosmos,
where we confronted
the paradox of the illusory fields:
from within one couldn't distinguish them
and on emerging from them they vanished.
What was there in there?

If the darkness, as the wisemen said,
is what mediates between divine
and human wisdom,
would blindness then be
a safe terrain?
In the patience of things
and suffering the divine dart
lodged into forehead and heart,
wouldn't any dividing line be surpassed?
Or would it be just touch – the surfaces,
the walls,
the frightful empty spaces?

And they brought us coffee
in our twin cups
with a Sicilian design:
a Sphinx resting
upon a mound of skulls,
and a serpent rising toward her.
More gentle the Sphinxes of Bomarzo.

15.

La noche se abrió
desde las fauces del Orco.
En Bomarzo las habríamos atravesado,
como cruzamos en Malinalco
las fauces de la serpiente.

Frente al mismo acertijo
las palabras daban tumbos, erraban
en busca de su propia oscuridad.
Había en sus vuelos asimétricos
un designio que eludía a la razón,
plantada como un espantapájaros
en mitad de su campo.

Todavía de noche
y los gallos empezaron por turnos
a trapasar el aire delgadísimo.
Y la extrañeza recobraba en sucesión
los eventos que nos llevaron a amanecer
en un lugar con gallos.
Había una incógnita,
algo que se perdía—
como a mitad de un pasaje de Scriabin.
Dejamos resbalar la incertidumbre.
Al final quedaríamos con un lienzo vacío
o sólo espuma —*aphros*.
La fría espuma de Kalithea.

¿Quién eras tú,
en esa noche que no acababa de pasar,
quién me miraba por esos ojos opacos
que un dardo fulgurante
traspasaba de pronto?

15.

Night opened
from the jaws of Orcus.
In Bomarzo we would have passed through them,
just as we crossed in Malinalco
the jaws of the serpent.

Before the same riddle
words stumbled, wandered
in search of their own darkness.
There was in their asymmetrical flights
a design that eluded reason,
planted like a scarecrow
in the middle of its field.

It was still night
and the cocks began by turns
to pierce the so-thin air.
And strangeness recovered in succession
the events that led us to dawn
in a place with roosters.
There was an enigma,
something that was lost –
like halfway through a passage by Scriabin.
We let uncertainty slide.
In the end, we would remain like a blank canvas
or just foam – *aphros*.
The cold foam of Kalithea.

Who were you,
on that night that didn't just pass,
who looked at me through those opaque eyes
that a flaming dart
suddenly pierced?

Lo que vimos
descolgando sus amarras de las vigas celestes
se había deslizado a una corriente oculta.
Y plantados allí,
en un escenario de Ocaso de los Dioses,
saludamos al sol que despuntaba
llevando al límite su iridiscencia
sobre los bancos de coral.
Saturación de paisaje puntillista
devolviéndonos a un mar de fertilidad.
(Pero tus ojos se hundían en un reflejo oscuro,
como de mar del norte—
nunca visible en lo profundo.)

La mente alcanzaba sus riscos imposibles
al término de esa noche en vela,
con la embriaguez pulsando todavía
en el pecho y las sienes.
Y un repertorio de posibles vidas,
como si fueran propias,
se hacía presente sorteando sin rigor
los aluviones de preguntas.

¿Éramos nosotros
esas serpientes vistas en mi sueño,
acopladas,
decapitadas después
por una hoz de Saturno?

What we saw
dangling its mooring lines from the celestial girders
had slipped away on a hidden current.
And planted there,
in a scenario from the Twilight of the Gods,
we greeted the dawning sun
pushing the limits of its iridescence
over the banks of coral.
Saturation of pointillist landscape
returning us to a sea of fertility.
(But your eyes sank into a dark reflection,
like the sea of the North –
never visible in the depths.)

The mind attained its impossible cliffs
at the conclusion of that watchful night,
with inebriation throbbing still
at breast and temple.
And a repertoire of possible lives,
as if they were our own,
manifested themselves facilely avoiding
the floods of questions.

Were we
those serpents seen in my dream,
coiled together,
decapitated later
by Saturn's sickle?

16.

La nube nos fue siguiendo todo el camino.
Brevemente se apartó
y vimos en el valle iluminado un paisaje de Velasco.
Al volver dejó gris sobre gris, brechas azules.
Se deslizaba como un zodíaco
hasta tocar los cerros;
así bajan a tierra las fuerzas divinas
creando geometrías insólitas
o ámbitos que desprenden
un ciervo blanco de las nubes oscuras.
Y ésta se vació liberando su continencia
como de hombre solo.

Tendría acaso que haberse condensado así,
bajar hasta el nivel más próximo del habla
nuestro propio relato,
si algo no lo ocultara en ese núcleo
de lo sagrado,
lo que no puede tocarse porque es de fuego,
es de lo oscuro,
como los vagabundos y las ménades.

(Y vuelve el lenguaje a la evasión alegórica,
a la metáfora que traslada
como transporte urbano
lo que quería decirse, hacia otra parte.)

Los senderos se bifurcaron.
Las frases se bifurcaron.
Las palabras rompieron con su raíz,
volviéndose borboteos, borborigmos, barbarismos.
Aquello que era lo mismo significaba otra cosa,

16.

The cloud followed us along the way.
Briefly it drew away
and we saw in the illuminated valley a Velasco landscape.
On returning it left gray on gray, blue gashes.
It slid like a zodiac
until touching the hills;
thus do divine forces descend to earth
creating unusual geometries
or space that detach
a white deer from the dark clouds.
And this cloud emptied itself freeing its continence
like a solitary man.

Perhaps our own story
should have condensed like that
descending to the closest level of speech,
if something didn't hide it in that nucleus
of the sacred,
what cannot be touched because it is of flame,
it is of darkness,
like the vagabonds and the Maenads.

(And language returns to allegoric evasion,
to the metaphor that transfers
like an urban transport
what needed saying to some other place.)

The paths forked.
The sentences forked.
Words broke from their roots,
becoming bubbling, rumbling, barbarisms.
That which was the same meant some other thing,

imponía su poder de opresión,
sus *caóticos ídolos de la sangre*.

Se escuchaba a lo lejos un estruendo
como truenos
o viejos aviones de combate.
Luego silencio—
la noche sola con sus grillos.

Quedamos vacíos
como alguien despojado de su secreto,
alguien que deambula
en una oscuridad amiga
y se echa a morir en un rincón,
o implora la compasión del Sol—
como el sabio que vomitó todo su saber
y vio a los pajaritos negros
devorarlo.

imposed its power of oppression,
its *chaotic idols of the blood.*

In the distance a noise is heard
like thunder
or old combat planes.
Then silence –
the night alone with its crickets.

We were left empty
like someone stripped of their secret,
someone who wanders
in a friendly darkness
and lies down to die in a corner,
or begs for the compassion of the Sun –
like the wiseman who vomited all his wisdom
and saw the little black birds
devour it.

17.

Una convalescencia,
avidez de vida
buscando un reflujo solar,
un golpe de aire que filtraran
esos recintos de ventanas tan altas
como hospitales de guerra.
Y allí, cuando la vida me trituraba
en sus piedras de molino,
se agolparon desde un fondo impensado
esas imágenes
tejiendo en una telaraña sus enigmas,
epopeyas cifradas,
diagnósticos del milenio.
Tal vez juntaban algo de cada parte,
para reconstruir místicamente un todo,
como en los sacrificios.

Surcando la piel de otros espacios,
de tiempos atrapados en el fondo de un pozo,
veía inscripciones en el aire,
cifras en la condensación de las gotas
que caían por las paredes,
alargándose en brillos intermitentes
como hilos de saliva,
enlazando pequeñas sílabas,
palabras flotantes como bancos de espuma.

Recorrí las últimas escalas de lo real,
que se estrechaba cónico y oscuro—
un útero
o la tumba de Atreo,
el interior de un panal desierto

17.

A convalescence,
an eagerness for life
searching for a solar ebb,
a gust of air that filtered
those precincts with such tall windows
as war hospitals.
And there, when life grounded me
in its millstones,
from an un-thought depth those images
came crowding
knitting in a web their enigmas,
coded epics,
diagnoses of the millennium.
Perhaps they brought together a piece from each part,
to mystically reconstruct a wholeness,
like in sacrifices.

Crossing the skin of other spaces,
of times trapped in the bottom of a well,
I saw inscriptions in the air,
figures in the condensation of the droplets
that rolled down the walls,
stretching out in intermittent shines
like threads of saliva,
joining together small syllables,
words floating like schools of foam.

I traversed the final scales of the real,
which narrowed, conical and dark –
a uterus
or the tomb of Atreus
or the interior of an empty honeycomb

cuyas mieles resecas
eran sólo un gesto agotado,
manchado de oscuridad.

Hebras como el núcleo de lo real,
partículas a la deriva,
sonidos puros
volcándose hacia la boca abierta—
garganta hendida del Caos
engendrando a la Noche y sus fibras luminosas,
su luz azul creciendo
hasta envolverme.

Se abría en lo alto
absorbiendo hacia ella
la urdimbre obsesiva.
Esa era ahora la estructura de lo real,
la única que podía representarse
el pensamiento.

También semejaba la abertura del cenote,
Ix-kekem—
raíces aromáticas traspasaban el techo
para bajar hasta el agua transparente
que perfumó la piel hasta el atardecer.
Nadaba en esa sombra exquisita
entre pequeños peces ciegos,
viendo el agua azul turquesa
y el sol que entraba cenital
hacer y deshacer sobre mi cuerpo
serpientes de oro y lapizlázuli.

whose dried honeys
were just an exhausted gesture,
stained with darkness.

Threads like the nucleus of the real,
particles adrift,
pure sounds
capsizing toward the open mouth –
cleft throat of Chaos
begetting Night and her luminous fibres,
blue light swelling
until it swallowed me.

It opened at the top
absorbing toward it
the obsessive warp.
That was now the structure of the real,
the only one that thought
could depict.

Also resembling the cavern opening,
Ix-kekem –
aromatic roots pierced the roof
to reach down toward the transparent water
that perfumed the skin until sunset.
I swam in that exquisite shadow
between small blind fish,
watching the turquoise water
and the sun that entered from the zenith
making and unmaking upon my body
serpents of gold and lapis lazuli.

18.

Transformación de la luz.
Una constante agregación y pérdida de elementos
bajo las nubes rápidas
que encubrían y descubrían un sol oblicuo.

¿Qué ruido hacían esas semillas al caer?
Cómo saberlo en el estruendo de voces,
con el zumbar de la sierra eléctrica
al otro lado de la calle.
Trataba de deducir
la procedencia de los peones
que hablaban casi cantando,
con un acento suave,
entrecortado por la sierra
o por sus golpes de mazo.

Y el tejido de realidad,
la capa ebria
vibrando
a punto de abrirse,
se detenía apenas de finos ligamentos,
puntos donde se juntan
condensaciones de sombra,
gravitaciones,
asimientos oblicuos.

Ni la sierra con los graznidos
de sus filos ríspidos
me apartaba del vaivén,
el hueco suave de esa pausa.
El estruendo de la sierra
se convertía en un bajo continuo

18.

Transformation of light.
A constant aggregation and loss of elements
beneath the quick clouds
that covered and revealed an oblique sun.

What sound did those seeds make on falling?
How to know it among the hubbub of voices,
with the buzzing of an electric saw
on the other side of the street.
I tried to deduce
where the workmen came from
with their singsong speech,
with its gentle accent,
interspersed by the saw
or the blows of their mallets.

And the fabric of reality,
the intoxicated layer
vibrating
about to open itself,
clung from thin ligaments,
points where condensations of shadow
came together,
gravitations,
oblique attachments.

Not even the saw with the croaks
of its coarse edges
parted the swaying,
the smooth gap of that pause.
The noise of the saw
became a basso continuo

con sus crestas doradas y sus remansos.
Y a un giro,
todas las formas eran irisaciones,
brillos cambiantes.
Se disolvían en el pulso de luz,
en un vacío que succionaba hacia su centro
los últimos residuos de substancia.

¿Qué más?
¿Qué más decir?
Quedaba la nota esencial,
como un *la* disolviendo todos los sonidos
en su timbre puro.

Me volvería como un insecto
en busca de cierto alimento,
o nómada comedora de miel,
siguiendo la ruta de las abejas.
Cada color o sensación
eran sólo la impronta de eso real-invisible,
disparando por todo el cuerpo hacia la frente
sus oleadas gozosas.
Se extendían hacia fuera,
donde uno no era ya un cuerpo inerte
sino la luz pulsando.

with its golden crests and its stillnesses.
And in a twist,
all the forms were iridescences,
changing brilliances.
They dissolved in the pulsation of the light,
in an emptiness that sucked toward its centre
the last residues of substance.

What more?
What more to say?
The essential note remained,
like a *la* dissolving all sounds
in its pure timbre.

I would become like an insect
in search of a certain food,
or a nomad devourer of honey,
following the route of the bees.
Every colour or sensation
were just the mark of the real-invisible,
shooting its blissful waves
through the entire body toward the forehead.
They extended outward,
where one was no longer an inert body
but instead pulsating light.

19.

Quería tener una herida que no cerrara,
una punzada constante,
una abeja zumbando en el oído,
para no olvidarlo.
Algo que lo tiñera todo de violeta o de verde,
que supiera a miel de cedro y azufaifos;
una campana sonando,
un caracol de mar.
Algo que recordara
que todo era perfecto,
y no había más qué hacer ni a dónde ir.

En mitad de un acto intrascendente
de pronto cayó todo en su sitio.
La luna aparecía fugaz tras de las nubes
mientras sonaban bocinas.
Pero yo no tenía adonde ir,
había llegado ya,
me encontraba donde estuve desde el comienzo.
Todo estaba ya hecho,
todo era perfecto en medio del torrente.
Iba sin ir a ningún lado,
y no caminaba en el temor de
sino en el amor de,
bajo la sombra de,
desde la luz de Eso,
Eso, Tú,
sin nombre.

Una simple inclinación,
una pura voluntad,
un ir hacia

19.

I wanted to have a wound that didn't close,
a constant twinge,
a bee buzzing in my ear,
to not forget it.
Something that would stain everything violet or green,
that would taste of cedar and jujube honey;
a bell ringing,
a seashell.
Something that would remind
that everything was perfect,
and that there was nothing more to do nor nowhere to go.

In the middle of an insignificant act
suddenly everything fell into its place.
The moon appeared fleetingly between the clouds
while horns sounded.
But I had no other course,
I had already arrived,
I found myself where I had been since the beginning.
Everything was already done,
everything was perfect in the middle of the stream.
I moved without going anywhere,
and I didn't walk in the fear of
but in the love of,
beneath the shadow of,
from the light of That,
That, You,
nameless.

A simple inclination,
a pure will,
a going toward

con toda la presencia
bastó para sentir de pronto allí
Tu ala.

¿Soportaría ese estado?
El mundo era el mismo,
era sólo el mundo
y a un tiempo eras Tú.
¿Dónde podías no existir?
¿Y cómo recordarlo todo el tiempo?
De ahí el deseo de una herida abierta
o un pulsar gozoso
como un recordatorio,
un centro quieto—
desde donde mirar fluir las cosas,
adonde sentirlas regresar.

¿Y era eso, que en ese día
habías llegado en lo oscuro,
como un ladrón?

México,
Junio-octubre, 2005

with full presence
was enough to suddenly feel there
Your wing.

Could I bear that state?
The world was the same,
it was just the world
and at the same time it was You.
Where could you not exist?
And how to remember it all the time?
From this the desire for an open wound
or a blissful pulsation
as a reminder,
a quiet centre –
from which to watch things flow,
and from where to feel them return.

And was that it, that on that day
you had arrived in the darkness,
like a thief?

Mexico,
June-October, 2005

Printed in the USA
CPSIA information can be obtained
at www.ICGtesting.com
LVHW040236271123
765001LV00008B/142